Thinking《シンキング》 Deeply《ディープリー》

ひとつのことを　ふか〜く
考《かんが》えること

Q 1分間《ぷんかん》 考《かんが》えよう。

この本《ほん》では、
たまに、黒《くろ》いページがでてきて
キミに、しつもんするよ。
そのときは、1分間《ぷんかん》だけ
ページをめくらずに、
自分《じぶん》で考《かんが》えてみてほしい。

べんりって ほんとうに いいこと？

さあ、今日《きょう》も 考《かんが》える少年《しょうねん》、
Q《キュー》くんの へやを　そーっと　のぞいてみよう。

ここは、Q《キュー》くんのへや。
Q《キュー》くんは今《いま》、しゅくだいの　まっさいちゅう。

「え～っと、わ！　また　わかんない漢字《かんじ》が
でてきたよ。なんてよむんだ？　この漢字《かんじ》。
えーっと、メンドウ？
あー、『面倒《めんどう》くさい』のメンドウか！」

「えー……面倒《めんどう》、面倒《めんどう》、面倒《めんどう》、って、
あー、ほんとうに　書《か》くの面倒《めんどう》くさ〜い！
漢字《かんじ》って　おぼえるのに、なんどもなんども
書《か》かなきゃいけない。

あー面倒《めんどう》くさいったらありゃしない！」
そう言《い》いながら　いつものように　Q《キュー》くんは
くうそうをはじめました。

「はぁ……みらいになったら、
なんでも
かわりにやってくれる
ロボットが　できるかなあ。
そうしたら　しゅくだいを
ぜんぶ　やってもらえる。

ふふふ、べんりだなあ。
あさ、おきたら　ロボットが
ぼくのかおを
あらってくれて、
はをみがいてくれて、
きがえさせてくれる！」

「びゅーんと　空《そら》をとんで
学校《がっこう》にも　おくってくれる！
とってもべんりだ！」

「あー、早《はや》くみらいになって、
もっともっとべんりに
ならないかなあ！
べんりって　さいこう！」
Q《キュー》くんが言《い》った　そのときです。

たなの上《うえ》のぬいぐるみ、チッチが　とつぜん
さけびました。
「はい、ストップ！」
そのとたん、Q《キュー》くんはかたまったように
うごかなくなってしまいました。
チッチが、時間《じかん》をとめたのです。
「みんな、Q《キュー》くんがまた、
おもしろい　くうそうを　してるね！

べんりは　さいこうだって。
でもさ、みんな　べんりって
ほんとうに　いいことかな？」

Q

「あ、チッチ」

Q《キュー》くんが気《き》がつくと、いつのまにか　チッチが
となりにすわっていました。

「はい、どうも、
目《め》にやさしい　あわい　いろあいが
ぜんこくの　おばあちゃんたちに
だいにんきの　チッチです。」

「チッチ、なんでまた時《じ》間《かん》をとめたんだ？」
Q《キュー》くんがつめよると、

「きまってるだろ、**ぎもん**を　いだいたからさ。」

チッチがこたえます。

「ぼくは今《いま》、なにも**ぎもん**を　いだいてないよ。」

「Q《キュー》くんは　ぎもんを　いだいてなくても、

チッチが　ぎもんを　いだいてしまったんだよ。」

「チッチがぎもんを？　ぬいぐるみの　くせに？」

「ぬいぐるみだって　ぎもんを　いだいて

いいじゃないか！」

チッチが　おこりだしたので、Q《キュー》くんは

なでなでなで…

あわてて　チッチの　おなかを　なでなでします。

「まあまあ、おなか　なでなで。」

「はあ〜、気《き》持《も》ちいい。」

チッチは、おなかを　なでなでされると、
いかりが　おさまってしまうのです。

「で、チッチ、どんなぎもんを　いだいたの？」

Q《キュー》くんが　たずねます。

「Q《キュー》くんは今《いま》、**べんりは　さいこう**だって
いったよね？」

「うん、いったよ。」

「ほんとうに　そうかなあと　思《おも》ってね。

そこでハイ、ドーン！

きょうせいてきに

本日《ほんじつ》のぎもん！」

本日のぎもん
Today's Question

べんりって
いいこと？

「あははは！　ぬいぐるみは
おかしなことに　ぎもんを　もつなあ！

べんりは　いいことに　きまってるじゃないか！」

Q《キュー》くんは思《おも》わず、おおわらいしてしまいました。

「ほお〜、そうですか！」

「そうですとも！」

「なんで　べんりが　いいの？

たとえば、どういう　いいことが　あるの？」

チッチのしつもんに、Q《キュー》くんは　うたでこたえます。

Q

1分《ぷん》間《かん》

考《かんが》えよう。

べんりには どんないいことが

あるのかな？

べんりはしあわせのうた

♪車《くるま》や電車《でんしゃ》があるから
どこにでもすぐ行《い》ける〜！

「おばあちゃんにも　すぐ会《あ》える！」

♪れいぞうこや
レンジがあるから
いつでも食《た》べられる〜！

「くさらないし、あったかい！」

♪でんきの　あかりがあるから
夜《よる》でも　おきてられる～！

「マンガも　たくさん　よめるぜ！」

♪べんりはしあわせ
べんりはしあわせ～。

おしまい

「ね、べんりって　いうことは、
らくで、**くろうしなくてすむ**って　ことさ。
わかった？」

Q《キュー》くんは　とくいそうです。

「なるほど。でも、なんで　らくは
いいことなの？
なんで　くろうしないことは　いいことなの？」

「そりゃ　そうでしょ！
くろうしていたら　しあわせじゃありません！」

「ふうん、じゃあ、ふべんだった昔《むかし》のひとは、
みんなくろうして、
しあわせじゃ　なかったんだね。」
「いやー、みんな　しあわせじゃなかったか
どうかは　わからないけど。」
Q《キュー》くんは、少《すこ》しだけ　じしんがなくなってきました。
「なんで？　ふべんで　くろうしてたんでしょ？」
「そうだと思《おも》うよ。今《いま》より、ぜったい　ふべんで

くろうしてたと思《おも》うよ！」

「じゃ、みんな　しあわせじゃなかったんだ、
ふしあわせ　だったんだ！
なんて　かわいそうなんだ！」

チッチが　なげきました。

「いやー……そうかなあ……」

「ちがうの？」

「昔《むかし》だって、しあわせなひとは
いたと思《おも》うから……」

「**ふべんなのに　しあわせなの**？
言《い》ってたことと　ちがうじゃないか。」

「うーん……わかんなくなってきたよ。」

Q《キュー》くんは　頭《あたま》をかかえてしまいました。

「じゃあQ《キュー》くん、こういうときはね、
あえて**『反対《はんたい》は？』**で
考《かんが》えてみようじゃないか

「**『反対《はんたい》は？』**で考《かんが》える？」

「そう、べんりなモノに　かこまれている
よのなか　じゃなくて、
『反対《はんたい》に』、べんりなモノがない
よのなか　について　考《かんが》えてみるのさ！」

QWORD

反対《はんたい》は？

Q

1分間《ぷんかん》

考《かんが》えよう。

べんりなモノがない よのなかって

どんな世界《せかい》だと思《おも》う？

ふべんはしあわせ？のうた

♪車《くるま》も電車《でんしゃ》も　ないから
とっても　時間《じかん》もかかる～
♪だからやっと会《あ》えたときには
うれしかったんだろうな～

「やっと会《あ》えたね～！」

♪れいぞうこも
レンジもないから
とれたらすぐに食《た》べる〜
♪だからいつも
作《つく》りたての　りょうり
食《た》べて　いたんだろうな〜

「うーん、しんせん！」

♪でんきの　あかりもないから
まっくらで　ねるしかない～
♪だからしぜんと早《はや》おき
太陽《たいよう》にかんしゃ
したんだろうな～

「あかるいって　すばらしい！」

おしまい

「う～ん、こうして考《かんが》えてみると、**ふべんも**
そう　わるくはない　気《き》がしてきたなあ。」
Q《キュー》くんは　つぶやきました。

「そうだね、昔《むかし》だって、
べんりになった今《いま》では　かんじられない
しあわせが　あったんだろうね。」
と、チッチ。

「**べんりな今《いま》じゃ　かんじられない**
しあわせか。」

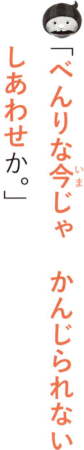

「うん？　どうした？」

「いやー……べんりになるって、
いいことばかりじゃ　ないのかも
しれないなあと思《おも》って……」

「あれれ？　べんりは　いいことに
きまってるんじゃ　なかったっけ？
ぬいぐるみは　へんなことに
ぎもんをもつって　言《い》ってなかったっけ？」

「うーん、わかんなくなっちゃった！　てへ！」

Q《キュー》くんは　おどけてごまかします。

「ねえ、みんなは　どう思《おも》う？
べんりになって、『反対《はんたい》に』
よくないことって　どんなことかな？」

そんなわけで、Q《キュー》くんとチッチは
みんなに　聞《き》いてみることにしました。

「ねえみんな、べんりになって
よくないことって、どんなことがあると思《おも》う？」

みんなで こたえよう

べんりになって　よくないことって　なに？

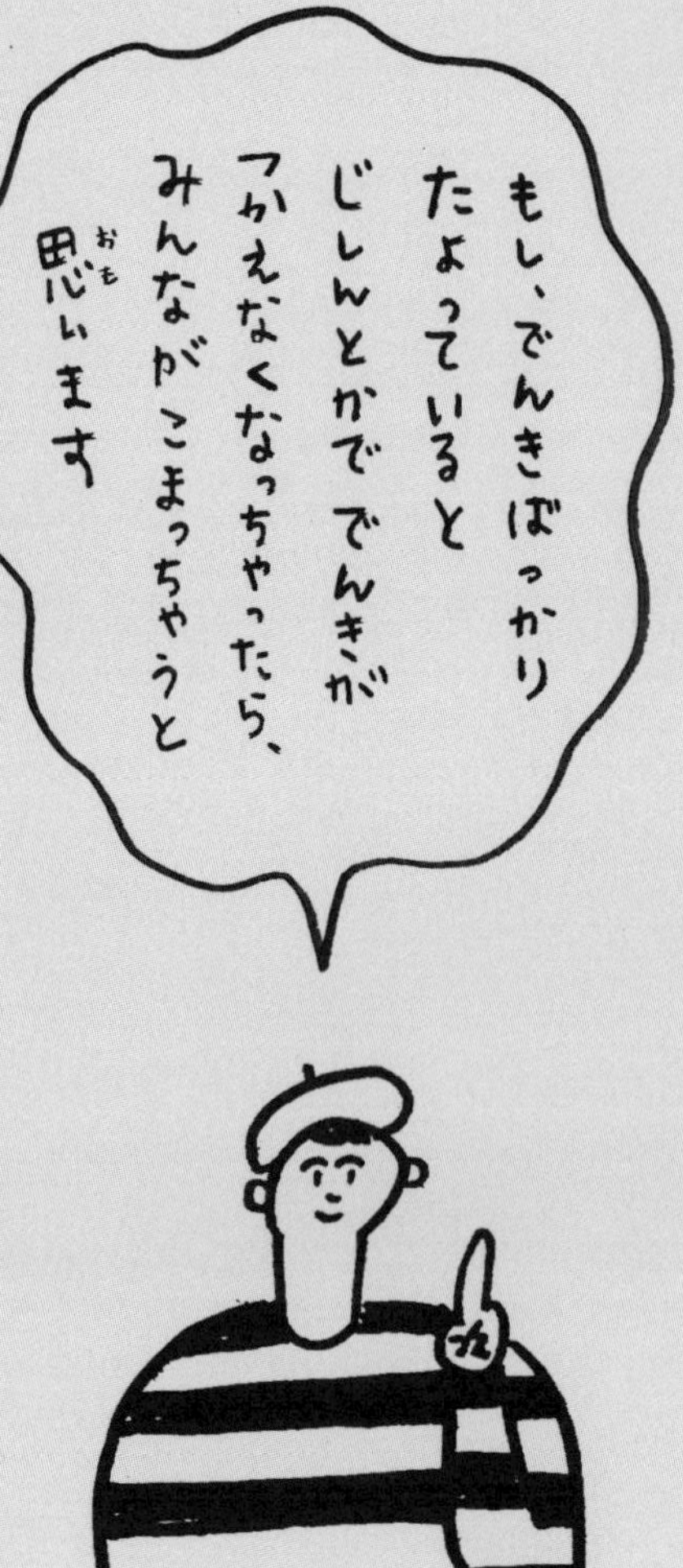
もし、でんきばっかり
たよっていると
じしんとかで でんきが
つかえなくなっちゃったら、
みんながこまっちゃうと
思《おも》います

たくみくん

「うーん、暗《くら》いところに　みんな
なれてないもんな」

みんなで
こたえよう

べんりになって よくないことって なに？

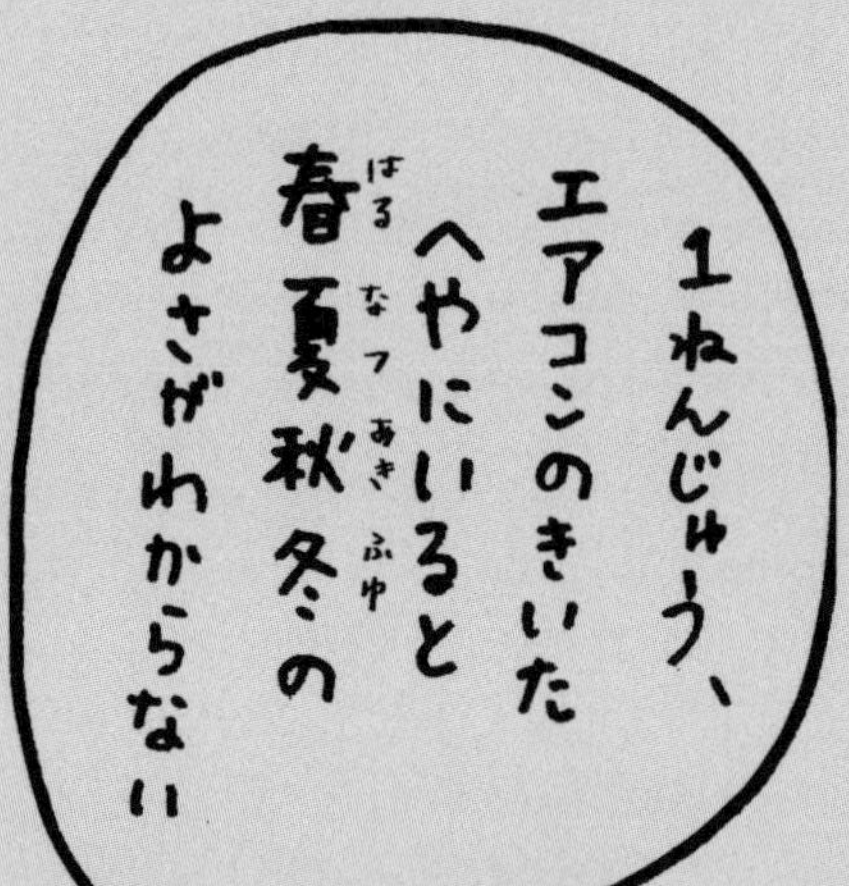
1ねんじゅう、
エアコンのきいた
へやにいると
春《はる》夏《なつ》秋《あき》冬《ふゆ》の
よさがわからない

けいちゃん

「たしかに、それぞれの
きせつのよさが　あるもんな！」

みんなで
こたえよう

べんりになって　よくないことって　なに？

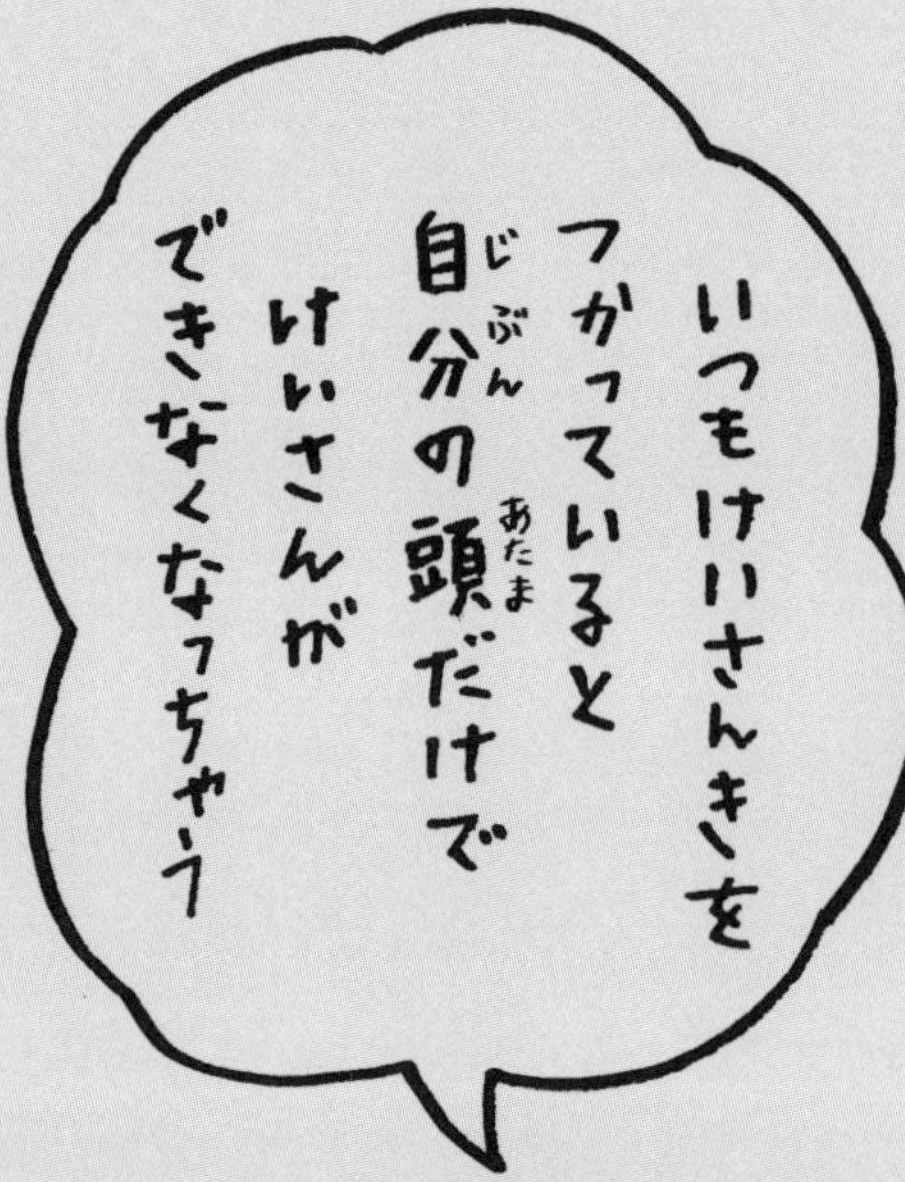
いつもけいさんきを
つかっていると
自分《じぶん》の頭《あたま》だけで
けいさんが
できなくなっちゃう

さとしくん

+18=？

？

「頭《あたま》のなかで　パッと　けいさんできると
カッコイイよね！」

みんなで
こたえよう

べんりになって　よくないことって　なに?

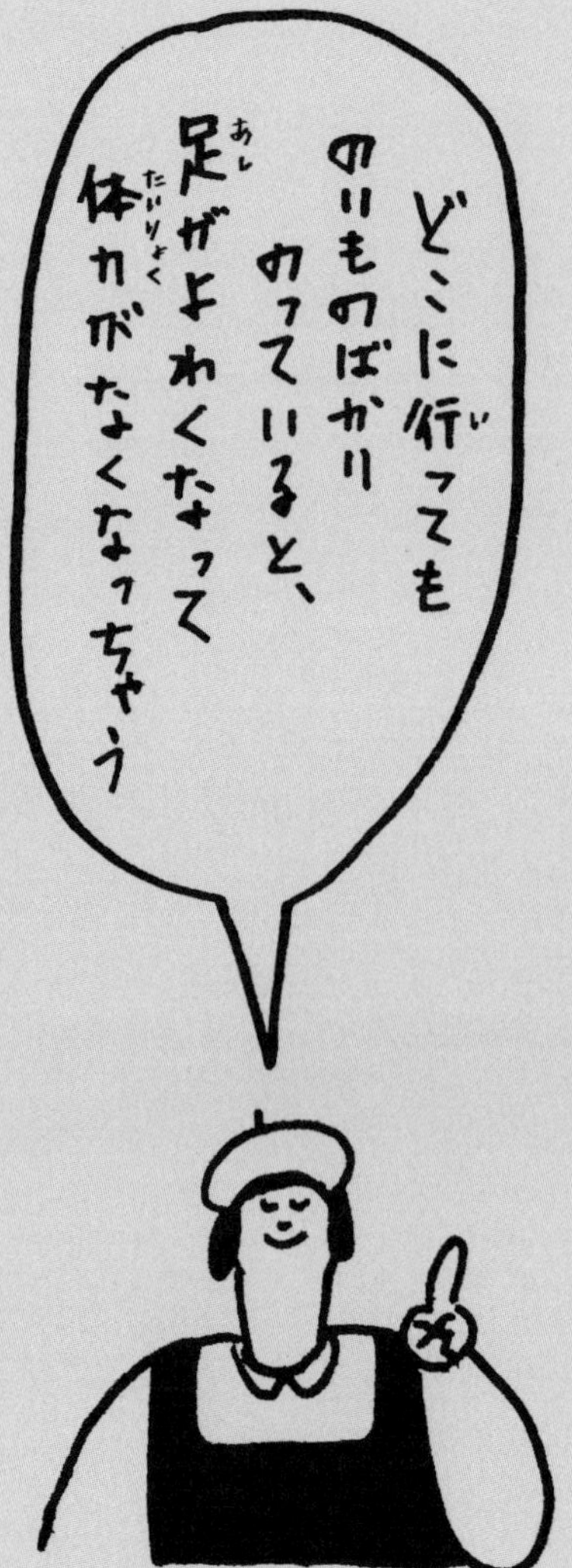
どこに行《い》っても
のりものばかり
のっていると、
足《あし》がよわくなって
体力《たいりょく》がなくなっちゃう

まりなちゃん

「昔《むかし》のひとは、どこにでも
あるいて　行《い》ったんだもんな！」

Qのうた

キュキュキュ

みんなのこたえ、

キュキュキュ

それぞれちがう

キュキュキュ

きみなら

なんてこたえるの？

キュー！

Q

1分《ぶん》間《かん》

考《かんが》えよう。

べんりすぎて よくないことって

ほかに あるかな？

みんなの　いろいろなこたえを　見《み》てきたQ《キュー》くん。
みんなのこたえは、それぞれ
ちがっていたけれど、自分《じぶん》なら、なんて
こたえるだろう？　Q《キュー》くんは考《かんが》えました。

「さあ、Q《キュー》くん、自分《じぶん》のこたえは　でたかな？」

「ぼくのこたえは……、うん！　みつけた」

「おお！　やったな。では、Q《キュー》くんのこたえを
聞《き》かせてもらおうじゃないか。
べんりっていいこと？」

べんりって、
いいこと？

「うん、今《いま》のところのこたえ！
べんりなことは、いいこと！
けいたいでんわで
とおくのひとと
お話《はなし》ができたり、
コンビニで　なんでも
すぐにお買《か》いものできたり、
やっぱり、べんりは
いいことだと思《おも》う。」

ぼくのこたえ
My Answer

べんりなことはいいこと！

「だけど、べんりでよくない
こともある。
だから、ときどきは
ふべんなことの　よさも
思《おも》い出《だ》したほうがいい。
ぼくはそう思《おも》う！」

ぼくのこたえ
My Answer

ときどきふべんのよさも
思い出す！

「なるほどね、ということは、
ときどき、わざと　ふべんなことを
やってみるのも　大切《たいせつ》かもしれないね。」

チッチは、かんしんして言《い》いました。

「そのとおり！　だから　ぼくは、
今日《きょう》これから、ふべんな生活《せいかつ》を
してみようと思《おも》う！」

「ふべんな生活《せいかつ》？」

「そう。でんきは　ない！」

そう言《い》って、Q《キュー》くんは　でんきをけしました。

「あら、暗《くら》い。」

「えんぴつもない！　ノートもない！」

Q《キュー》くんは、こんどは　えんぴつとノートを
ほうりなげてしまいました。

「ん、なんか　いやなよかんがするぞ。」

「ということは……
しゅくだいも　できない！

やりませーん!

今日《きょう》は、しゅくだい　やりませーん！」

Q《キュー》くんは、おどけながら　せんげんすると、

へやをとびだして　行《い》ってしまいました。

「なんで　そうなるんだー！」

今回《こんかい》も、ひっくりかえってしまう、チッチでした。

（おしまい）

今日《きょう》のQ《キュー》ワード『反対《はんたい》は？』で考《かんが》えてみる。

QWO

反対《はんたい》

解《かい》説《せつ》「反《はん》対《たい》は？」で考《かんが》えてみる

「べんりは　らくでさいこう！」と言《い》っていたQ《キュー》くん。
でも反《はん》対《たい》に　「べんりになって　よくないこと」についてえてみると　べんりの　よくないところも見《み》えてきたね。

このように　おおくのひとが　あたりまえだと思《おも》っていることでも　あえて　反《はん》対《たい》に考《かんが》えてみると　いがいな　こたえにであえるんだ！

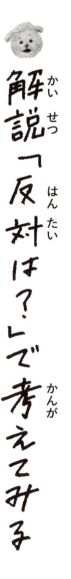

たとえば、こんなかんじ。

「長生《ながい》きすることは　いいこと」という考《かんが》えがあるよね。でも　あえて反対《はんたい》に「長生《ながい》きすることは　よくないこと」でいろいろ考《かんが》えてみよう。

「どんどん友人《ゆうじん》が　死《し》んでいくのは　かなしいな」とか。

「長生《ながい》きしても　体《からだ》はどんどん　おとろえていくな」とか。

そうやって　考《かんが》えをふかめていくと　そのうち

「じゃ　自分《じぶん》は　どう生《い》きたいんだろう？」

という大切《たいせつ》なぎもんに　いきつくはずだ。

みんなも　ぜひためしてみてくれ！

ほんじゃ　なたま～！

あ、反対《はんたい》だった。　またな～！

Thinking Deeply.

おまけのページ

YES NO GAME《イエスノーゲーム》

さぁ、チッチのすきなたべものが、このなかに１つありますよ！
３にんのしつもんとチッチのこたえから、せいかいをあててみて！

リンゴ

オレンジ

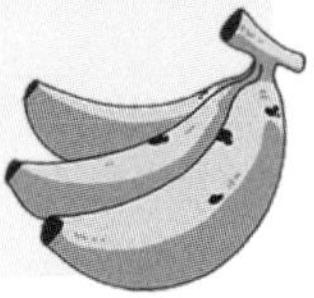

バナナ

スイカ

サクランボ

ニンジン

カボチャ

トマト

※こたえは 60 ページだよ

それはまるいですか？

YES《イエス》！

それは赤《あか》いですか？

NO《ノー》！

それは木《き》で育《そだ》ちますか？

YES《イエス》！

それじゃ、読者《どくしゃ》のキミたち！
これだと思《おも》うものをこたえてくれ！
いくぞ、せーの！

せいかいはっぴょう

まるくて、赤《あか》くなくて、木《き》で育《そだ》つもの！
ということで、チッチのすきなたべものは……

ORANGE《オレンジ》

【YES《イエス》 NO《ノー》ゲームをやってみよう！】

① もんだいをきめる
「すきなおすしは？」「すきなドリンクは？」など
② こたえる人は　心《こころ》のなかで　１つこたえをきめる
③ ＹＥＳ《イエス》かＮＯ《ノー》でこたえられる　しつもんを　していく
④ こたえがわかったら　こっそり耳《みみ》うちして　こたえる
⑤ さいごまでこたえられなかった人《ひと》が　まけ
※ しつもんは「３かいまで」とか、ルールをつくってもいいよ

Q エンディングテーマ

こたえは　みんな

ちがうんだよ

だから　じっくり

さがそう

こたえは　かわったって

いいんだよ

だから　ゆっくり

そだてよう

Q《キュー》QQQQQQ

ねぇ、きかせてよ

Q《キュー》QQQQQQ

きみの　こころのこえを

はなしをしていて考《かんが》えることができなくなってしまったら、下《した》のQ《キュー》ワードをつかうと、さらにふかく考《かんが》えられるよ！

QWORD

そもそも？

「そもそも自分《じぶん》らしさってなに？」のように、そのものの意味《いみ》について考《かんが》えてみる。

QWORD

ほかの考《かんが》えは？

こたえを１つにしぼらないでとにかくいろんな考《かんが》えをだしてみる。

QWORD

どういうこと？

「ふつうってどういうこと？」のようにべつのことばでせつめいしてみる。

QWORD

もし～だったら？

「もしルールがなかったら？」のようにもしものせかいをそうぞうしてみる。

QWORD

反《はん》対《たい》は？

「べんりは、よくないこと」のようにあえて反対《はんたい》の見方《みかた》で考《かんが》えてみる。

QWORD

ほんとうに？

「お金《かね》があれば　ほんとうにしあわせ？」のように、うたがって考《かんが》えてみる。

Q《キュー》ワードをつかってみよう！

QWORD

なんで？

「なんで？なんで？」をくりかえすと
どんなことでもふかく考《かんが》えられるよ。

QWORD

たとえば？

「カッコイイってたとえば？」のように
たくさん例《れい》をあげて考《かんが》えてみる。

QWORD

くらべると？

AとB　2つのばあいを　くらべてみて
そのちがいを見《み》つけてみる。

QWORD

立《たち》場《ば》をかえたら？

お母《かあ》さん、先生《せんせい》、犬《いぬ》や鳥《とり》など
いろんな立場《たちば》になって考《かんが》えてみる。

QWORD

どんな？

「大人《おとな》ってどんな人《ひと》？」のように
じっさいに　どんなのかを思《おも》い出《だ》してみる。

Q PHILOSOPHY FOR CHILDREN

NHK E テレ「Q ～こどものための哲学」
べんりって ほんとうにいいこと？
2018 年 11 月 20 日　第一刷発行
2023 年 5 月 10 日　第二刷発行

NHK E テレ「Q ～こどものための哲学」制作班 編
原作 古沢良太
美術デザイン tupera tupera
アニメーション原画 稲葉卓也
ブックデザイン 清水貴栄
イラスト 鈴木友唯（DRAWING AND MANUAL）、片倉航
哲学監修 河野哲也、土屋陽介
プロデューサー 佐藤正和

発行者 中村宏平
発行所 株式会社ほるぷ出版
〒 102-0073　東京都千代田区九段北 1-15-15
電話 03-6261-6691
ファックス 03-6261-6692
https://www.holp-pub.co.jp

編集協力 横山雅代

印刷 株式会社光陽メディア
製本 株式会社ブックアート

ISBN:978-4-593-58804-6
NDC.100
ページ数 64P
サイズ 210 × 148㎜